TYRTÉE

Mes Heures de guerre

1916

Mes Heures de guerre

TYRTÉE

Mes Heures de guerre

1916

PRÉAMBULE

Penseur libre, j'aurai beaucoup à dire quand on pourra tout publier.

En février 1916, doucement, je commence.

I

LE PÉCHÉ D'HUMILITÉ

1. — Au cours de vingt années, dans ma garnison de Douai, j'ai essayé d'exalter l'opinion publique et l'opinion militaire. J'ai essayé de persuader que le général Trois-Étoiles et moi, nous étions des guerriers;

qu'autour de nous, il y en avait tout de même quelques autres;

que, grâce à nous, la France avait bien le premier canon de l'Europe, la première artillerie du monde;

qu'il n'y avait pas de plus beau point de pointage que notre beffroi; pas de plus beau jardin public, pas de plus belles maisons que les nôtres; pas de plaine plus intéressante que la plaine de Flandre, Lille, Arras, Douai, Souchez, Carency, Neuville-Saint-Vaast.

« Ah! ouiche, murmuraient les bouches d'ombre. Si c'était vrai, on l'aurait su... » Je disais, moi : « Ces gens pèchent par humilité. »

Survient la guerre.

Il faut au peuple français un fétiche; c'est « notre 75 ».

Il faut, au Kaiser, une résidence paisible et de luxe : c'est Douai; à une altesse bavaroise, un palais : c'est chez nous.

> Neuville, Arras, Souchez, sont à jamais célèbres;
> A Carency, le Français est vainqueur.

2. — Au mois d'août 1914, envers et contre tous, en trois jours, sous mes yeux, les généraux X..., Y..., Z..., mettent Lille en état de défense.

Un vrai prodige. « Allons donc, dirent les autorités civiles. Vous prétendez défendre Lille? Pauvres gens! Vous croyez que le groupe Lille, Roubaix, Tourcoing, pourrait, en 1914, bien mériter de la patrie? Jamais de la vie. C'est pas à nous autres, pauvres apôtres. Quel anachronisme! » Et ils allèrent réclamer à Paris, en toute humilité.

Ils tombaient bien, et le Gouvernement les crut.

Ce fut une frénésie de sauve qui peut. Lille ville ouverte, Paris ville ouverte, Verdun place isolée. Mais, pour Paris et pour Verdun, quelqu'un renâcla, qui ne voulut pas exécuter. Paris fut sauvé, et Verdun aussi.

Quant aux généraux X..., Y..., Z..., on fit croire, à Marseille et à Perpignan, qu'ils avaient vendu Lille pour trente deniers. Double, triple humilité.

3. — Au début de 1915, la France organise une expédition aux Dardanelles, de concert avec l'Angleterre. Qui commandera? Pas le Français, bien sûr. Pensez donc. Là-bas, ils ont un roi, un prince de Galles, un Lord maire, le Guild' Hall, le sel anglais, la selle anglaise, le tissu anglais; on blanchit le linge à Londres, Old England, Bluff, Snob et C°, All right.

Chez nous, le pioupiou, soldat d'un sou. Humilité.

Et c'est l'Anglais qui régnera.

Aussi débarqua-t-on, en Orient, comme nous avions débarqué devant Alger, en 1830.

4. — Quand donc cesserons-nous d'être riches honteux et de pécher par humilité?

En septembre, je demande la promotion de Valmy et de la Marne. Douze maréchaux de France!

II

LE FRONT

En août et en septembre 1914, l'armée belge se retira successivement de Liége, de Namur et d'Anvers, abandonnant à la fois la frontière et les forteresses de la Belgique. Pour chaque place, dite camp retranché, après l'écrasement de quelques forts, l'assaillant entra dans le noyau central comme dans du beurre.

Noyau? — Quelle ironie des mots! Car y a-t-il rien de plus dur qu'un noyau?

De même, toujours en 1914, notre armée du Nord, échelonnée sur la frontière française, se retira, abandonnant, à droite, Maubeuge, qui succomba, et à gauche, Lille, qui fut dite ville ouverte, frauduleusement. Cette fois, tout fut beurre.

Or, en 1915, Armentières, Arras, Soissons, Reims, Pont-à-Mousson, furent autant de Saragosses; et l'ennemi ne les prit point.

En 1916, de Dunkerque à Belfort, villes et villages, forêts et canaux, fortins et tranchées, fantassins et canons forment bloc, impénétrablement. C'est la France, au front.

*

Et dans chaque village, que voit-on ? La propriété bâtie se défendant elle-même. A défaut du fort, à défaut de la tranchée, à défaut de la motte de terre, le moellon tient. Durant de longs mois, le fameux épisode des « dernières cartouches » est le fait-divers de chaque jour. Rien que des Bazeilles sur toute la ligne.

A la France on a dit : Sois dure ;
Et le noyau devint le Front.

III

LA STRATÉGIE

1. — Je n'ai bien connu la victoire de la Marne qu'un an après, par les récits que provoqua la date anniversaire. On sut enfin l'action de deux hommes de guerre, Gallieni, Maunoury, et la manœuvre stratégique de flanc qui nous valut la victoire.

Cela fait réfléchir et raisonner.

2. — Cette manœuvre de flanc, qui réussit en septembre sur l'Ourcq, pourquoi ne l'avait-on pas tentée au mois d'août, sur la Sambre? Au lieu de Paris, Lille comme point d'appui. Au lieu de Maunoury, d'Amade avec 80.000 hommes; car quatre solides divisions étaient échelonnées d'Armentières à Maubeuge. Je les ai vues, en place.

En très haut lieu, personne n'y songea ou ne voulut. Pourquoi?

3. — Et en novembre 1915, quand l'armée austro-allemande descendait du Danube vers le sud, quand une armée franco-anglaise allait de Salonique à sa rencontre, pourquoi l'armée italienne ne débarqua-t-elle pas en Albanie pour intervenir de flanc sur le Vardar?

Valona eût été la base des Italiens, comme Sofia fut celle des Bulgares.

4. — Et, en 1916, quand l'armée turco-allemande descendra sur la Mésopotamie, sur les Indes ou sur l'Égypte, n'est-ce pas une attaque de flanc qu'il faut prévoir et préparer, en Syrie ou sur le Tigre et sur l'Euphrate ?

De Salonique, base d'opérations, on rayonnerait sur tout l'Orient.

5. — Plus tard, au cours des études théoriques du temps de paix, Lille, Paris, Valona et Salonique apparaîtront comme les quatre grandes bases d'opérations, les bases obligatoires pour les Alliés, dans la guerre mondiale corrigée.

IV

LA GUERRE DE TROIS ANS

Depuis des mois, en conférences hebdomadaires, j'instruis mon personnel. Peu à peu apparut la tragique réalité.

En mai 1915, après avoir montré la lenteur de l'action militaire, dans le nord de la France, et la lenteur de l'action diplomatique en Italie, j'essayai d'indiquer une date pour la fin de l'horrible drame : « La guerre finira avec l'année; au nouvel an, la paix bienfaisante. »

En juillet, je disais : « Ne jetez pas vos tricots. »

En septembre, je montrai qu'il fallait compter non par mois, mais par saisons. « Peut-être une campagne d'hiver 1916. »

En novembre, j'ai résumé la guerre de Sécession, qui dura quatre ans, la guerre de Crimée, qui dura deux ans, la guerre du Transvaal, la guerre de Mandchourie, la première guerre des Balkans; j'ai cité Sébastopol, Port-Arthur, Tchataldja, exemples suggestifs, parce que nous sommes à Salonique.

En décembre, la victoire de l'emprunt nous suggéra qu'on pourrait dire : l'Emprunt de la Victoire. Ce fut plus qu'un mot, car chacun pensa : « Puisque c'est la victoire, allons-y pour la guerre très longue. » Comme en 1913, chacun cria : « Trois ans, trois ans! » Comme au Moyen Age, chacun cria : « Dieu le veut! »

En janvier 1916, les compliments du nouvel an, les proportions grandissantes de l'action aux Balkans, les prévisions d'une campagne des Indes, les promesses de la conscription anglaise, les efforts évidents d'organisation militaire, scientifique, industrielle, économique, achevèrent d'éclairer et d'exalter l'opinion publique.

Aujourd'hui, chez les Alliés, personne n'attend la victoire avant les trois ans révolus : 14 juillet 1917.

Nous sommes au milieu.

Au milieu, dans le temps et dans l'espace; car nous finirons sur le Rhin. Mais il faut que ce ne soit pas le milieu pour les dépenses et pour les pertes.

Ce serait trop cher, beaucoup trop cher.

La France ne veut pas; la France ne peut pas.

V

LES RENFORTS

Itinéraire pour l'Inspection générale.

PREMIER ACTE. — Voici d'abord, mon Général, autour d'une pièce de 75, les éclopés, les évacués, les récupérés, les fantassins blessés, les cavaliers démontés, les trainglots désaffectés, toutes armes, toutes classes, tout poil, qui reçoivent ici les premiers éléments d'artillerie, clopin-clopant.

Plus loin, c'est la conduite des voitures ; là on « monte à deux » et on se dresse à trois, l'homme de Carcassonne et les chevaux du Canada.

Plus loin encore, téléphonie, signalisation, observation et autres accessoires.

Plus loin enfin, les gradés exotiques, qui apprennent à devenir gradés d'artillerie, par la manœuvre d'abord, par des cours ensuite.

DEUXIÈME ACTE. — Un mois après, tous entrent dans la composition d'une section attelée, puis d'une batterie, que voici. Avec eux, on y rencontre :

d'abord les servants et les conducteurs de la classe 16, et les engagés volontaires de la classe 17 ;

puis les néophytes du mois précédent, déjà plus entraînés dans la rééducation militaire.

Pour cadres, quelques artilleurs, — tout de même, — et les candidats des classes 16 et 17, frémissant d'impatience, surpris de ne pouvoir, en temps de guerre, après dix mois de service, conquérir ni le droit au galon, ni le droit au front; parmi eux, de futurs E. A., E. O., E. O. R., rompus déjà à toutes les instructions, décidés à tous les cours, pour vaincre.

— Et les appelés de la classe 17? — Nos appelés de la classe 17? Ils sont à Bourges, emmurés dans une caserne.

TROISIÈME ACTE. — Voici enfin, mon Général, le chœur des Renforts.

Ceux qui furent naguère les figurants du premier acte. Les voici retapés, rétamés, tout de neuf habillés, équipés et armés à la dernière mode, prêts à servir le 58, le 75, le 90, le 105, le 370, à tour de bras. Les voici, l'arme au pied et le pot en tête, pour la gloire de la Patrie et pour la victoire totale de la France.

Voilà donc l'α et l'ω de notre préparation à la guerre. La Cour des miracles, et le miracle des cours.

ENVOI

1º Au front, la classe 16! Au front, les engagés de la classe 17!

2º A nous, les emmurés de Bourges; qu'ils nous reviennent, nos bleuets, avant le temps des coquelicots; qu'ils renaissent avec nous, aux larges effluves de la vie des camps!

3º Vive l'Infanterie! vive la Cavalerie! vive le Train des Équipages militaires!

Ah! les braves gens! Mais, pour l'instant, n'en jetez plus!

VI

LA TERRE DE FRANCE

a) Dans le camp que j'habite, l'air est empoisonné. Que le vent souffle du sud, de l'ouest, du nord ou de l'est, c'est toujours la même odeur pestilentielle, l'odeur du fumier.

Certes, nos aïeux étaient des malins. Ils ont connu le Camp de César, le Camp des Romains, le Camp d'Attila; mais il a fallu venir jusqu'en 1916 pour connaître, ici, le Camp du Fumier.

Et le tas montait toujours! Au sommet, les tendres verdures d'une végétation inattendue, et les vapeurs légères de l'inutile ammoniaque; du dessous, s'échappe, en filets folâtres, le bon purin; et les rigoles sautillent à travers les cailloux, vers le gai ruisseau berrichon, vers l'Yèvre babillarde, peut-être contaminée.

b) Je suis, ou plutôt j'étais un de ces bons citadins, dont les narines s'offrent bénévolement à l'emprise de tous les parfums; dont les oreilles sont ouvertes à tous les bruits, même à ceux des bouches ennemies, qui, elles, ne se taisent pas.

Aujourd'hui, je me méfie.

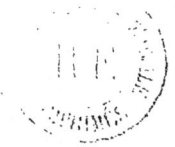

Qu'entends-je ? Le paysan français ne voudrait pas acheter notre fumier, parce qu'à la fin de la guerre, il faudra bien le lui abandonner, et qu'alors, il l'aura à l'œil. Et d'ailleurs, il n'y a plus de chevaux à la ferme; à peine quelques charrettes.

Qu'entends-je encore ? La fin de la guerre, mais ce sera demain, parce que, faute de fumier, la terre nourricière ne sera plus nourrie et ne pourra plus nourrir; parce que, demain, il n'y aura plus de blé, plus de pain, plus de soldats. Misère en France et joie en Prusse. Car ce sera la paix forcée, la paix boiteuse.

Mais cette haineuse et stupide calomnie, c'est le sale Boche qui la souffle, pestilentiellement, comme le tas.

c) Et voilà pourquoi, demain matin, j'irai trouver Mme Gaspard, la fermière du Meldiou, si courageuse et si digne dans sa mélancolie : elle pense toujours à ceux de là-bas.

« Voici, lui dirai-je, mes braves soldats que je vous présente. Ils viennent de l'Auvergne, du Poitou, du Limousin, de la Lorraine, de la Flandre et de la Cerdagne. Et voici leurs attelages, vaguement dressés, qui ont quitté, le mois dernier, les pampas de l'Argentine et les prairies du Canada.

« Dites-moi, ma bonne Catherine, où sont vos charrettes, vos tombereaux, vos harnais, vos colliers.

« Attelons tout cela et revenons à mon énorme tas. Hardi, les gars ! hardi, les servants, avec la fourche ! Tranchons dans le vif et même dans le mort. Hardi, les chevaux, pour apprendre à transporter le poids lourd à travers le terrain lourd ! Hardi, les conducteurs, dans ce nouvel apprentissage, vous qui allez apprendre ainsi à mieux conduire, plus tard, les canons et les munitions, pour la Victoire !

« Et les corbeaux eux-mêmes auront le croassement moins sinistre, parce qu'on aura mis à nu la richesse du tas, le grain d'avoine égaré et les vers multicolores.

« Et allons-y ! Alignons sur le champ de Mme Gaspard de petits monticules fumants. Étalons, étalons avec ardeur; qu'il y en ait une couche épaisse, de ce fumier bienfaisant, et qu'au printemps, la belle terre du Meldiou s'entr'ouvre joyeusement aux épis nouveaux, qu'ensuite dorera l'éclatant Messidor.

« Ah ! j'oubliais de faire un prix. Coupons la paille en deux. Parce que vos hommes sont là-bas, faudrait pas qu'on vous fasse du tort. A vous la courte paille. Bien obligé, Madame. »

d) Et il y aura encore du pain pour le soldat, et il y aura encore des soldats pour la France, jusqu'au bout.

(A suivre.)

NANCY, IMPRIMERIE BERGER-LEVRAULT — MAI 1916

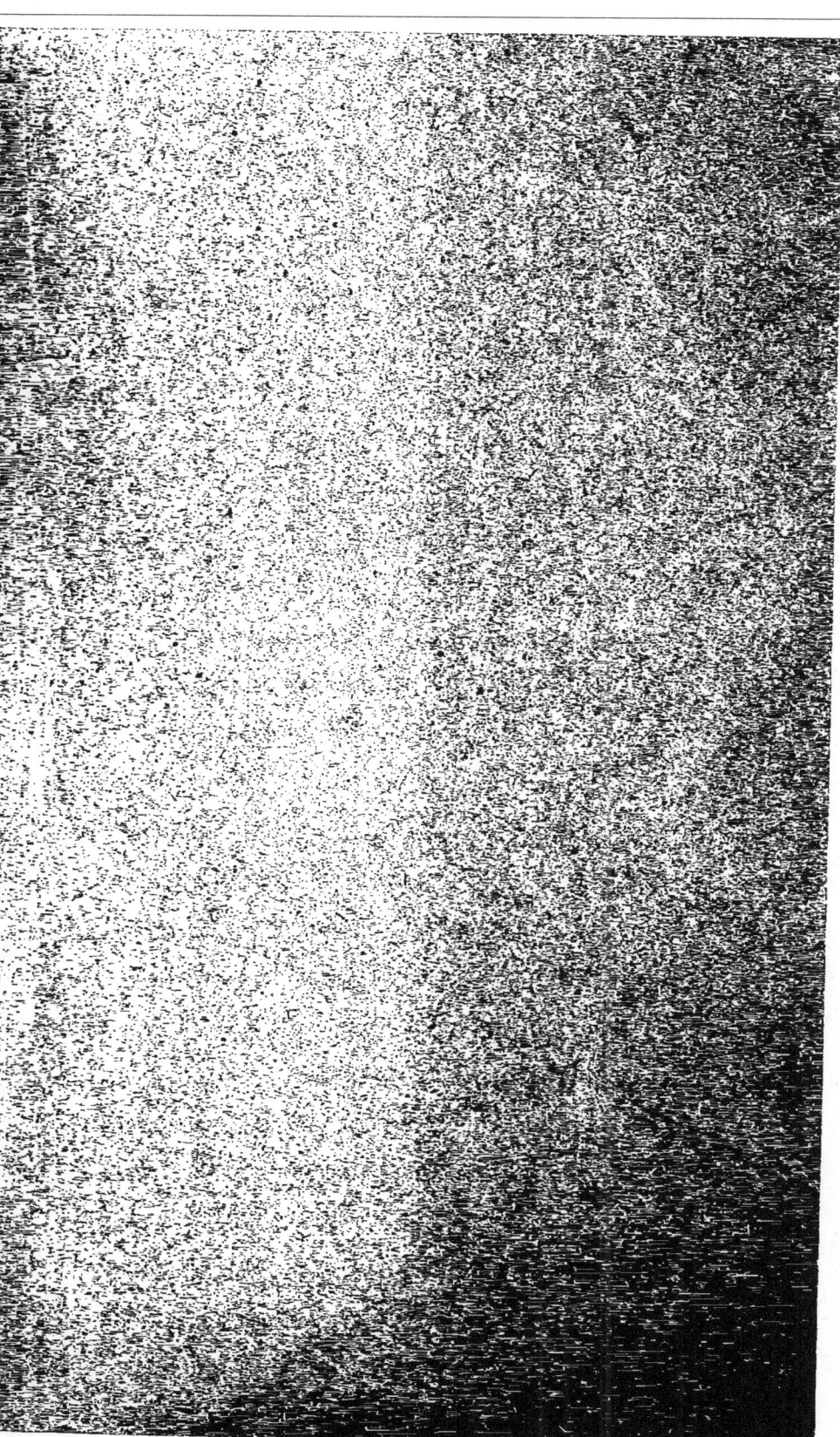

www.ingramcontent.com/pod-product-compliance
Lightning Source LLC
Chambersburg PA
CBHW060859050426
42453CB00011B/2029